AF377349

DE LA

SÉQUESTRATION ARBITRAIRE

DANS LES

MAISONS DE SANTÉ

NÉCESSITÉ D'ADOUCIR ET DE MODIFIER LE RÉGIME
DE CES ÉTABLISSEMENTS
ET D'EN RÉFORMER LE HAUT PERSONNEL
DÉSIGNÉ DANS UNE LISTE SPÉCIALE

Prix : 2 Francs

On trouve. à la suite, un appel fait à la protection de Dieu et de Jeanne
Darc, relativement à la guerre de 1870, et les discours prononcés à ce sujet
dans diverses réunions publiques.

PARIS

CHEZ LES PRINCIPAUX LIBRAIRES

Décembre 1870

TABLE ANALYTIQUE

DES MATIÈRES

DE LA

SÉQUESTRATION ARBITRAIRE

DANS LES

MAISONS DE SANTÉ

NÉCESSITÉ D'ADOUCIR ET DE MODIFIER LE RÉGIME
DE CES ÉTABLISSEMENTS
ET D'EN RÉFORMER LE HAUT PERSONNEL
DÉSIGNÉ DANS UNE LISTE SPÉCIALE

Prix : 2 Francs

On trouve, à la suite, un appel fait à la protection de Dieu et de Jeanne Darc, relativement à la guerre de 1870, et les discours prononcés à ce sujet dans diverses réunions publiques.

PARIS

CHEZ LES PRINCIPAUX LIBRAIRES

Décembre 1870

LES MAISONS DE SANTÉ

La police *impériale* de Paris vient de commettre une
de ces erreurs qui feront époque dans les fastes de la politique et de la science insano-médicale.

Un homme d'un grand cœur, un patriote sincère, marié
et père de cinq jeunes enfants, vient d'être envoyé par
mégarde dans une maison de fous.

Après une détention de 24 jours, il a été reconnu sain
d'esprit et mis en liberté.

La meilleure critique que nous puissions faire des maisons de santé de l'Empire et de leur régime intérieur,
c'est de publier les lettres que ce père de famille a adres-
sées, du fond de l'asile médical, à diverses personnes et
à diverses autorités.

D'après l'Evangile, il est nécessaire qu'il arrive des

scandales; mais malheur à celui par qui le scandale arrive !

Voici donc les pièces justificatives :

Première lettre.

A monsieur l'abbé   , aumônier de l'asile
des aliénés de

Le mardi 20 septembre 1870.

Monsieur l'Aumônier, dans les loisirs que me fait la police de Paris, j'ai lu la *Vie de Jeanne Darc.*

Les médecins des maisons de santé sont en général des athées et des matérialistes, qui ne croient ni à une autre et meilleure vie, ni à la divinité de Notre-Seigneur Jésus-Christ, et encore moins à l'infaillibilité du Pape.

Pour eux donc, saint François d'Assise était un halluciné; sainte Thérèse, une femme hystérique; Jeanne Darc, une jeune fille exaltée au suprême degré par le sentiment patriotique, et, par suite, en proie à une excitation cérébrale, sous l'empire de laquelle elle s'est crue, de bonne foi, inspirée de Dieu. Et c'est la force de sa conviction ou, en d'autres termes, de sa folie, qui lui a fait accomplir les choses extraordinaires que nous connaissons.

Il est évident dès lors que, si Jeanne Darc avait vécu de nos jours, nos médecins athées, ou tout au moins matérialistes, l'auraient envoyée prendre des douches à Charenton ou à Sainte-Anne, au lieu de lui donner les moyens de délivrer la France du joug des Anglais ou des Prussiens.

La science insano-médicale aurait ainsi rendu, comme elle le fait de nos jours, les plus grands services à l'humanité, en éteignant le feu de tout enthousiasme religieux et patriotique, et en réduisant peu à peu l'espèce humaine à un véritable matérialisme, funeste avant-coureur de la décadence des nations.

S'il m'était toutefois permis de parler sérieusement et sans ambages, je vous dirais hardiment, monsieur l'Aumônier, que les médecins insanistes, outre qu'ils sont les auxiliaires de la *police impériale* (car l'empire est tombé, mais les dossiers de la police restent), sont de misérables corrupteurs de la nation ; que la République devrait les destituer immédiatement et les remplacer par des médecins qui, comme feu M. le docteur Nysten, auraient des idées religieuses.

J'insiste plus que jamais, comme chrétien catholique, pour vous faire ma confession.

J'ai l'honneur, monsieur l'Aumônier,
de vous renouveler mes respects,

FORTUNÉ ROUSTAN.

OBSERVATIONS. — Il ne m'a pas été même permis de remplir mes devoirs religieux, parce que, détenu comme *monomane catholique*, si, selon mes habitudes, je m'étais confessé, et si j'avais communié, comme je le fais ici, jusqu'à trois fois par semaine, le médecin insaniste aurait déclaré que ma maladie était devenue grave et incurable.

D'après les conseils d'un aumônier prudent et éclairé, il a fallu me contenter d'aller le dimanche à la messe et aux vêpres.

M. l'aumônier n'a pas même jugé utile de me confesser.

Deuxième lettre.

Établissement de   , rue   , à Paris.

Le mercredi 21 septembre 1870.

Monsieur le Docteur,

Je ne puis admettre, moi, libraire établi à Versailles, père de cinq enfants, la plupart en bas âge, et dont la présence est nécessaire auprès d'eux et de ma femme, je ne puis admettre que la police de Paris, *sans qu'aucun membre de ma famille y ait consenti*, ait le droit de continuer à me détenir sous un prétexte aussi futile que celui qu'elle invoque.

Quel était le but de la démarche que j'ai faite à Paris, boulevard Montparnasse, dans la matinée du vendredi 16 septembre 1870? — C'était de sonder le terrain et de m'assurer, *d'après les conseils de M. le préfet de Versailles*, si l'idée de former des bataillons sous la protection spéciale de Jeanne Darc serait acceptée du public et aurait des chances sérieuses de succès. J'avais, comme conséquence, porté avec moi l'étendard de Jeanne Darc. Or après avoir consulté des personnes de bon sens, notamment M. Lortie, célèbre et habile relieur, très-connu des bibliophiles, j'ai pu me convaincre que mon idée, *surtout avec les Prussiens sous les murs de Paris,* avait de grandes chances de réussir. Donc, l'idée en elle-même n'a rien d'absurde, et elle est conforme à l'opinion générale des personnes pieuses. Aussi MM. Michaud et Poujoulat (vie de Jeanne Darc, avis de l'éditeur), affirment-ils que *la pensée qui domine dans la génération nouvelle est une reconnaissance religieuse et nationale pour la miraculeuse intervention de la vierge de Domrémy.*

Il n'y a donc que des médecins athées et matérialistes, et qui ne croient pas au surnaturel, qui puissent voir un commencement d'aliénation mentale dans une tentative que je n'ai faite, je le répète, que *du consentement de M. le préfet de Versailles, auquel j'avais présenté moi-même mon drapeau.*

Je vous déclare dès lors, monsieur le médecin insaniste, au nom de Dieu, auteur de toute justice, et de Jeanne Darc, protectrice spéciale des pauvres, des malades et des opprimés (1), je vous déclare, *au nom de Dieu et de Jeanne Darc,* que, si vous continuez à me détenir injustement et illégalement, je vous ferai casser, vous et tous ceux de vos confrères qui seront reconnus professer des doctrines athées et matérialistes.

Il faut aux personnes atteintes de folie un double traitement : un traitement moral et un traitement physique. Or, vous ne vous occupez que de ce dernier, de *l'accessoire,* et n n du traitement moral, qui est l'essentiel; en sorte que vos maisons de santé ne sont, comme le dit l'Evangile, que des sépulcres blanchis, dont les dehors ont de très-belles apparences, et qui, au dedans, sont remplis de dilapidations et de pourriture.

---

(1) Elle ne disait jamais de mal de personne et portait partout où elle pouvait les secours et la consolation. Un paysan de Greux, nommé Jean Morel, témoignait encore, dans sa soixante-dix-huitième année, « que la pieuse enfant était aimée de tous les habi-« tants du village. » Un autre paysan, Simonin Musnier, attestait « qu'étant malade, il avait été veillé et consolé par elle avec les « soins les plus compatissants. » Un troisième raconte même que « tels étaient sa charité et son bon cœur pour les pauvres vieil-« lards, qu'elle ne se bornait pas à leur procurer un asile chez ses « parents et ses amis, mais que souvent elle leur cédait son lit, se « couchait elle-même à terre et dormait sur la dure. » Lorsqu'elle faisait ces choses et pratiquait ces grandes vertus, sans en savoir presque le nom, elle était une petite fille de treize ans ! (*Panégyrique de Jeanne Darc,* par Mgr Dupanloup, évêque d'Orléans.)

Les maisons de santé, d'après ma manière de voir (et je développerai un jour ma proposition), devraient être dirigées par des religieux pauvres et désintéressés, notamment de l'ordre de Saint François d'Assise, ou Capucins.

Dans le dépôt de l'asile ...., j'ai vu assommer des malades avec la dernière des rigueurs. On les brutalise et on les frappe sans cesse. Un pauvre malheureux abruti par l'alcool et l'absinthe et ayant les mains et les jambes liées, et pouvant ainsi à peine se mouvoir, a été fortement frappé en ma présence par un gardien qui l'a poussé rudement. Le malade, en tombant, a eu le cou traversé par un barreau de chaise et est mort immédiatement des suites de cette brutalité. D'après les gardiens eux-mêmes, il était inoffensif.

Au nom de Dieu et de Jeanne Darc, de tels abus de pouvoir doivent être punis et cesser au plus tôt.

En ce qui me concerne, et si je ne suis pas mis en liberté dans quelques jours, je tirerai de ce fait la conséquence que *la police impériale* me tient au secret et que vous êtes son complice : fait qui serait peu honorable.

Je ne dois pas vous dissimuler d'ailleurs qu'à Versailles, je suis un des chefs du parti républicain.

Agréez, Monsieur, mes très-humbles respects.

LE MENDIANT EN HABIT NOIR DE LA CHAMBRE DES REPRÉSENTANTS BELGES (1), irréconciliable ennemi des abus de toute espèce et protecteur désintéressé, au nom de Dieu et de Jeanne Darc, des pauvres, des malades et des opprimés !

OBSERVATION. — L'homicide et les mauvais traitements dont il est question dans cette lettre ont été dénoncés à M. le procureur de la République, notamment par d'autres lettres à la date du 19 octobre 1870.

Nous publierons toutes ces lettres à la suite de la présente brochure ou séparément.

Une enquête a lieu : elle amènera sans doute des révélations curieuses et beaucoup de scandale.

---

(1) J'ai pris ce titre dans une brochure que j'ai publiée en 1866. J'ai, certainement, de l'originalité dans l'esprit ; mais je ne suis pas fou pour cela.

Troisième lettre.

Asile de   , rue

A Monsieur le général Trochu, Gouverneur de Paris, Président
du Comité de défense nationale.

Le vendredi 23 septembre 1870.

Général,

Après m'être convaincu que les autorités de Versailles étaient décidées à ouvrir leur ville à l'ennemi, contrairement à mes nombreux discours lus en public et approuvés par le peuple, je me suis arraché des bras d'une mère de famille en pleurs et suis venu à Paris dans l'intention de me faire tuer sur les forts ou sur les remparts, plutôt que de laisser les Prussiens maîtres de la capitale.

J'apportais avec moi le drapeau de Jeanne Darc, que je considère comme la nouvelle patronne de la France. Ce drapeau contenait les inscriptions suivantes : *Jésus, Maria. — Vive la nation. — Jeanne Darc, vierge et martyre, protége la France.*

J'expliquais à quelques personnes, le vendredi 16 septembre 1870, sur le boulevard Montparnasse, vers 10 heures du matin, l'objet de ce drapeau.

Conduit, pour ce seul fait, à un poste de police et ensuite à la préfecture, je suis ici depuis le 19 septembre 1870.

Je suis républicain, quoique catholique fervent et convaincu. J'ai une grande confiance en mon drapeau, que j'ai fait bénir par un prêtre.

Avec ce drapeau pour seule arme, j'offre de défendre le fort de Paris le plus maltraité par l'ennemi, en me soumettant aux exigences de l'autorité militaire et en conservant mon costume civil, et même, s'il n'y a aucun inconvénient, mon costume de pauvre et d'aliéné.

J'irai hardiment en avant, quand il faudra faire des sorties, et j'espère électriser et enflammer les défenseurs des forts, notamment les soldats de l'infanterie de marine et nos braves Bretons.

Traiter mon patriotisme d'aliénation mentale, surtout quand

les Prussiens sont sous les murs de Paris, c'est professer indi-rectement les principes les plus abjects et se déclarer traître envers la patrie.

N'oubliez pas, général, que *les nations ne meurent que par l'extrême bon sens, l'impiété et le matérialisme, pères de la corruption, de l'égoïsme et de la lâcheté!*

J'entends aujourd'hui tonner le canon : pour nous, il représente le droit et la justice. Voici dès lors comment, dans mes prétendus accès d'aliénation mentale, j'apostrophe le canon français :

Redoutable instrument des libertés publiques, canon brutal et sans pitié, fais ton devoir ! Tu portes dans tes flancs d'airain la grande justice de Dieu et la sainte colère du peuple !

Daignez agréer, monsieur le général,
mes très humbles respects,

FORTUNÉ ROUSTAN.

Libraire à Versailles, 12, rue d'Anjou.

Quatrième lettre.

Asile de   , le samedi 24 septembre 1870...

A Monsieur le Procureur de la République près le tribunal de la Seine.

Monsieur le procureur de la République,

Arrêté sur le seul ordre de **M.** de Kératry, préfet de police, *sans qu'aucun membre de ma famille ait consenti à cette arrestation, et envoyé, sur certificat calomnieux de médecin*, à l'a-sile   , je désire connaître, pour les discuter et afin d'établir la preuve que je suis sain d'esprit :

1° Le certificat délivré par M. Legrand du Saulle, médecin attaché à la préfecture de police de la Seine;

2° L'appréciation de M. le médecin-inspecteur attaché à l'admission au dépôt

Une copie de ces deux documents m'est indispensable. Elle m'a été refusée par le médecin-inspecteur de l'établissement.

Il est évident que, d'après toutes les lois divines et humaines, on ne peut continuer à me détenir sans m'entendre. Un simple certificat de médecin, *surtout quand c'est un acte de complaisance et non un acte de bonne foi, ne peut, sans discussion contradictoire,* servir de preuve de folie. Sur une question médicale, Galien dit oui, Hippocrate dit non. Ce qui est donc certain, c'est la séquestration arbitraire et nullement la folie.

Comme chef ou sous-chef du parti républicain de Versailles, j'ai à vous faire des révélations de la plus grande gravité. Quand les Prussiens sont sous les murs de Paris, aucun avis n'est à dédaigner.

Un *fou* quelquefois ouvre un avis important...

M. ....., mon médecin, *dont je n'ai nullement à me plaindre*, affirmera d'ailleurs que je suis sain d'esprit.

Si vous ou votre délégué, monsieur le procureur de la République, ne pouvez vous transporter immédiatement auprès de moi, j'offre de me faire transporter en voiture et à mes frais auprès de vous.

Je le répète, je suis un des chefs du parti républicain de Versailles, et j'ai à vous faire, *comme magistrat,* des communications de la plus haute gravité. Il y a urgence et grande urgence, et je ne puis faire ces communications qu'à vous-même ou à votre délégué.

Je sais d'ailleurs de source certaine que la cause réelle de mon arrestation est toute politique.

Fortuné Roustan,

Mari de la dame Louise Mareau, âgée de 38 ans, et qui est dans le plus grand désespoir, ne sachant pas même ce que je suis devenu; — père de cinq enfants en bas âge, dont l'aîné aura bientôt 15 ans, — et exerçant la profession de libraire à Versailles, rue d'Anjou, n° 12, et rue de la Paroisse, n° 100.

Observations. — Le but de cette lettre était de dénoncer à M. le procureur de la République l'homicide, et les mauvais traitements dont j'ai parlé ci-dessus.

Pour que M. le docteur .... n'eût pas intérêt à retenir la lettre, j'avais donné à entendre qu'il s'agissait de *renseignements politiques.* La lettre, néanmoins, ne paraît pas être parvenue à son adresse.

Comme on ne peut supposer que M. le procureur de la République ait manqué à tous ses devoirs, il faut admettre que M. le

docteur ...... aura trompé ce magistrat, en dénaturant les faits
et en me faisant passer pour fou, ou que, d'après de constantes
habitudes, il aura jeté ma lettre dans le panier aux oublis.

Il s'agissait cependant, entre autres choses, d'un homicide par
imprudence commis par un gardien sur la personne d'un malade
inoffensif; or, l'état seul du cadavre devant fournir des preuves
péremptoires, la justice avait intérêt à ne pas attendre que le
cadavre fût en pleine putréfaction. Le décès ou le meurtre re-
montant au 18 septembre 1870, il y avait évidemment urgence à
instruire l'affaire et à consulter des témoins qui, d'un moment à
l'autre, peuvent sortir de l'asile.

M. le docteur ...... et M. le directeur de l'établissement ont eu
intérêt à me détenir et à me faire passer pour fou, afin d'infir-
mer mon témoignage, et en ont fait autant à ceux de mes codé-
tenus reconnus sains d'esprit et qui auraient pu servir de témoins.

Et voilà comment, dans les maisons de santé, on accumule
crime sur crime et attentat sur attentat, pour que l'autorité judi-
ciaire ni le public ne sachent jamais au juste ce qui s'y passe!

Cinquième lettre.

Paris, asile de..., quartier nº 1, le mardi
27 septembre 1870.

*A monsieur de Kératry, préfet de police de la République
française, à Paris.*

Monsieur le Préfet,

Je sais de source certaine et par les confidences que ma femme
m'a faites le 15 septembre au soir, veille de mon arrestation, que
j'étais dénoncé, soit par vous, soit par M. Rameau, maire de
Versailles, comme un républicain dangereux, dont la haine
contre les Prussiens, *manifestée publiquement et d'une manière
énergique*, pouvait être cause du bombardement, par l'ennemi,
de l'ancienne cité de Louis XIV.

Ces craintes étaient exagérées, et c'est bien à tort que, *sans
entendre le moins du monde mes explications*, ce qui est contraire
à tout droit et à toute justice, vous m'avez fait arrêter et traîner

en voiture cellulaire, comme le dernier des malfaiteurs, et bien que j'eusse offert de me faire conduire, à mes frais, en voiture ordinaire.

Jamais la police impériale ne m'a traité avec une telle rigueur; et j'attendais plus de bienveillance, moi républicain, du gouvernement de la République.

Quoi qu'il en soit, monsieur le Préfet, voici, relativement à la ville de Versailles, quelles étaient mes idées politiques :

1° Ne rien faire sans se concerter avec le Comité de défense de Paris;

2° La plupart des bourgeois et des gens riches ayant déjà quitté volontairement la ville, compléter cette mesure en faisant partir les femmes et les enfants;

3° Faire armer sérieusement toute la population valide et la diriger sur Paris et les environs;

4° Brûler tous les vivres et toutes les récoltes qu'on ne pourrait soustraire à l'ennemi;

5° Mettre hors de service la machine de Marly pour la conduite des eaux de Versailles;

6° Si le Comité de défense de Paris envoie des troupes en nombre suffisant, les faire opérer de concert avec des tirailleurs établis dans les bois de Versailles et des environs;

7° En un mot, ne laisser aux Prussiens qu'une campagne dévastée et une ville ne contenant que des maisons vides de citoyens et non approvisionnée.

Les Prussiens, ne fût-ce que pour se loger, auraient été obligés de respecter les maisons et surtout les édifices publics, à moins de vouloir passer, aux yeux de toute l'Europe, pour des brigands et des cannibales.

Ce plan n'ayant point été adopté, j'ai engagé ceux de mon parti à se tenir tranquilles et à exécuter les ordres de l'autorité. Je vous défie dès lors de citer un seul fait de moi qui ait pu vous confirmer dans vos préventions.

Après avoir ainsi établi ma complète innocence, j'ose vous prier, monsieur le Préfet, de vouloir bien me faire mettre en liberté d'ici à la fin du mois.

Je ne suis pas un homme de désordre, et je vous le prouverai par tous mes actes et tous mes écrits.

Mon dossier littéraire et politique de la préfecture de police n'est que de la rapsodie relativement à mon dossier réel.

Soyez donc convenable envers moi, je le serai envers vous.

Veuillez agréer, monsieur le Préfet, mes très-humbles respects.

FORTUNÉ ROUSTAN,

Libraire à Versailles, marié et père de cinq enfants
en bas âge.

OBSERVATIONS. — M. le Préfet de police ne put rien faire pour moi sans l'avis du médecin de l'Asile. Et l'on a vu que celui-ci, pour ne pas compromettre un établissement où se passaient de graves abus, avait intérêt à me faire passer pour avoir été fou pendant un certain laps de temps.

On espérait ainsi mettre le ministère public dans l'impossibilité de constater un véritable crime et de nombreux délits commis envers les malades.

D'ailleurs, tous les médecins insanistes se soutiennent entre eux, et, quand un confrère a commis une erreur, elle n'est jamais réparée. Plutôt que de la reconnaître, la science insano-médicale entassera iniquité sur iniquité !

Sixième document.

§ Ier. — MON DIAGNOSTIC MÉDICAL.

Samedi, 1er octobre 1870.

D'après nos traditions de famille, je suis de la race d'Abraham, d'Isaac et de Jacob (1).

Un de mes aïeux, le fameux général persan Roustan, mourut glorieusement et victorieusement sur le champ de bataille, pour assurer l'indépendance de sa patrie.

Je montrerai bientôt, et de la même manière, que je ne suis pas dégénéré.

---

(1) Personnellement, je n'attache aucune importance à cette tradition de famille. Mon pauvre père était d'un caractère crédule, simple et naïf. Peut-être s'est-on moqué de lui en faisant remonter son origine presque jusqu'au déluge. En me faisant l'éditeur de ses idées, je n'entends nullement les accepter ni en être responsable. — Une chose néanmoins qui est très-certaine, c'est que nos aïeux sont originaires de l'Orient.

Né dans la Provence, à la Roquebrussane, département du Var, arrondissement de Brignoles, le 20 décembre 1821, j'ai, avec toute la vivacité méridionale, du sang arabe dans les veines, et, en outre, l'irritation nerveuse des poëtes, *genus irritabile vatum*, comme le dit Horace.

Il a plu également à Dieu de me douer d'un esprit original; et c'est à ce titre que j'ai fait, *de propos délibéré et après y avoir bien réfléchi*, plusieurs excentricités volontaires. (Voir notamment le journal *la Cloche* du dimanche 14 août 1870, 4e page.)

Mais les excentricités volontaires ne sont pas de la folie, pas plus que l'irritabilité nerveuse ou la colère légitime.

Je me suis toujours assez bien possédé pour contenir l'une et l'autre dans les bornes de la raison et du bon sens.

Je suis, incontestablement, un caractère de quelque énergie et *en dehors des voies ordinaires*.

Mal apprécié, et dans certaines circonstances seulement, j'ai les apparences du fou. Mais l'Evangile, la raison et la justice, c'est-à-dire toutes les lois divines et humaines, enseignent qu'il faut juger l'homme, non sur de fausses apparences, mais d'après la stricte et saine réalité.

Toutes les lois divines et humaines enseignent encore qu'on ne peut condamner un prévenu sans l'entendre. Or, toutes les fois que les médecins insanistes m'ont faussement apprécié et condamné, ils ne m'ont jamais, *même malgré mes plus vives réclamations*, donné connaissance de leur diagnostic médical, pour que je pusse l'apprécier et le discuter : telle est la seule cause de la lourde erreur qu'ils ont commise envers moi en 1852 et en 1870.

Ils sont donc responsables de cette erreur, qui est le résultat de la violation d'une loi naturelle et d'une loi positive (le droit sacré de la défense), et ils doivent être punis même à raison de faits anciens; car, en matière d'aliénation mentale et aux termes du Code civil, aucune prescription ne peut courir, ils doivent, disons-nous, être punis pour attentat à la liberté individuelle, et, en outre, être condamnés à des dommages-intérêts, en vertu des articles 1382, 1383 et 1384 du Code civil, ainsi conçus :

Art. 1382. Tout fait quelconque de l'homme qui cause à autrui un dommage oblige celui par la faute duquel il est arrivé à le réparer.

Art. 1383. Chacun est responsable du dommage qu'il a causé,

non-seulement par son fait, mais encore par sa négligence ou par son imprudence.

Art. 1384. Tout médecin insaniste est responsab'e non-seulement du dommage qu'il cause par son propre fait, mais encore de celui qui est causé par le fait ou l'imprudence des personnes qui sont placées sous ses ordres.

Et ce sera justice !

§ 2. — MES OPINIONS RÉPUBLICAINES.

Je suis républicain, c'est-à-dire partisan de l'égalité et irréconciliable ennemi des abus de toute espèce.

Je veux une République énergique, mais honnête, pure des excès de 1793, mais non pusillanime et bâtarde comme la République de 1848.

Une fois acceptée par le peuple, la République, comme la femme de César, doit non-seulement être respectée, mais le soupçon même sur sa durée et sa stabilité devrait être puni comme un crime d'Etat.

Adopter un autre système, c'est créer l'anarchie et le désordre et préparer, pour l'avenir, le morcellement et la ruine de la France.

La République doit faire au peuple les concessions raisonnables. Mais elle doit traiter sans ménagement les mauvais sujets et les hommes de désordre, *après les avoir sérieusement avertis.*

La République honnête et énergique que je rêve ne pourra, contrairement à une fausse opinion qui tend à devenir générale à Paris, s'établir sans le concours et l'appui moral du clergé catholique.

Septième document.

Dimanche 2 octobre 1870.

Ad majorem Dei Gloriam.

*Dénonciation d'un homicide et de crimes politiques commis par
un agent supérieur de la police impériale.*

A monsieur le Ministre de la justice (personnellement),
à Paris.

Monsieur le Ministre,

Permettez-moi de vous transmettre le document ci-après, *avec
prière de faire une enquête sérieuse: je vous indique, à la suite de
ce document, de nombreux témoins, tous sains d'esprit.*

OBSERVATIONS ESSENTIELLES

Entre M.   et moi, il y a une question de vie et de mort.

M.   est le grand criminel, le complice secret de toutes
les turpitudes de l'empire, le médecin insaniste qui a fait passer
pour fous et détenir comme tels les républicains énergiques qui
portaient ombrage à l'ex-empereur Napoléon, d'infamante mé-
moire.

Je suis, moi, un républicain honnête et énergique, mais partisan de l'ordre et irréconciliable ennemi des abus de toute espèce.

En cette qualité, j'ai dénoncé un homicide par imprudence
commis devant moi, dans une des petites cours de l'admission, le
dimanche 18 septembre 1870, de 3 à 4 heures du soir.

Le sieur   , un des gardiens, très connu par ses brutalités
habituelles envers les fous et les malades, s'e t rendu coupable
de cet homicide.

M.   a trouvé le moyen d'enterrer cet'e affaire avec
le cadavre de la victime, en sorte que l'assassin s'est vanté,
devant des témoins sains d'esprit, notamment devant le lieutenant Joseph-Marie-Paul B   , engagé volontaire, de cette déplo-

rable impunité, affirmant qu'étant soutenu par M.   , il continuerait de brutaliser les malades, et, par suite, de les assassiner impunément.

Dans de telles circonstances, ma vie ne sera pas en sûreté tant que toutes les maisons de santé du département de .. seront sous la dépendance exclusive de M.   , qui, outre ses frais de tournée, et *sans compter les accessoires*, reçoit un traitement annuel de trente mille francs, dont dix mille francs comme médecin insaniste, et vingt mille francs *comme agent supérieur de la police impériale* et comme *ancien membre de la société du Dix-Décembre.*

M.   comprend, en effet, que si j'étais mis en liberté, je pourrais, par l'entremise et l'appui de mon ami Lermina, faire livrer aux tribunaux militaires un traître et un assassin qui n'a que trop mérité la mort, ainsi que ses confrères les docteurs   et   , ce dernier, médecin en chef de la maison nationale de   , complaisant bien connu de la *police impériale*, et que la République a le tort de ne pas faire destituer et fusiller.

Pour se défaire d'un témoin et d'un républicain aussi dangereux pour lui, M.   , qui est très-riche et maître absolu des maisons de santé du département de   et de leur personnel, pourrait bien ne pas reculer devant l'homicide par empoisonnement. Comme médecin, il lui est très-facile de se procurer du poison ; et, quand on laisse un homicide impuni, on est bien près d'en commettre un autre, surtout quand votre vie et votre honneur sont en jeu.

Je demande dès lors à être mis immédiatement en liberté ou à être transporté dans une maison de santé qui ne soit pas sous la dépendance de M.

Fortuné Roustan,

> Marié à Louise Mareau, qui est morte de chagrin ou dans le plus complet désespoir, ne 'sachant ce que je suis devenu ; — père de cinq enfants en bas âge, l'aîné n'ayant que quatorze ans et demi ; — et libraire établi à Versailles, rue d'Anjou, 12, et rue de la Paroisse, 100.

Observations. — Le document qui précède ne paraît pas être parvenu à sa destination.

M.   a été destitué immédiatement, d'après des observations que je fis moi-même le dimanche 2 octobre 1870, à deux inspecteurs généraux qui étaient venus visiter l'asile.

Mais cette mesure n'est pas suffisante ; il faut la compléter en

2

livrant aux tribunaux un grand coupable, un ami de l'ex-baron Haussmann, ancien préfet de la Seine, et qui s'est enrichi par des dilapidations, en s'entendant avec les fournisseurs et en prélevant ainsi d'énormes bénéfices au détriment des pauvres et des malheureux, réduits à manger de la viande et à boire du vin d'une qualité inférieure.

M. le docteur   le plus humain et le plus bienveillant des médecins insanistes que j'aie connus, ne s'est pas moins prêté à la plupart des turpitudes que je dénonce; non, parce qu'il y avait un intérêt personnel, mais afin de ne pas compromettre l'établissement ni surtout *l'infaillibilité de la science insano-médicale.*

Les mondains se moquent bien à tort de l'infaillibilité du Pape. Celle-ci, du moins, a sa raison d'être; car il faut une base à tout gouvernement théocratique; et cette infaillibilité, d'ailleurs, est réduite sagement aux choses de l'ordre exclusivement spirituel. Si la religion catholique, en effet, est vraie et divine, il faut bien admettre que son auteur, qui est la toute-puissance et la sagesse mêmes, doit inspirer constamment le chef de cette religion, afin d'empêcher la doctrine de s'altérer et de se perdre; car Dieu ne peut laisser son œuvre à la merci des vicissitudes humaines.

Tel n'est point le cas des médecins insanistes. Ils sont hommes, et, par conséquent, sujets à l'erreur. Or, il suffit d'un seul certificat de médecin, non-seulement pour attenter à la liberté des personnes, mais encore pour leur imposer l'indélébile flétrissure de Charenton, de Bicêtre ou de Sainte-Anne, et les empêcher ainsi de faire plus tard des établissements avantageux.

Détenu arbitrairement à Charenton, *sur le seul ordre de la police de Paris*, pendant vingt jours, au mois de septembre ou d'octobre 1852, et pour un fait de même nature que celui d'aujourd'hui, et qui n'était certes pas de l'aliénation mentale (je le prouverai plus loin), *je souffre encore, à dix-huit ans d'intervalle, de cette première erreur.* Mon envoi tout récent dans l'asile   a eu pour principale cause, en effet, mon précédent envoi à Charenton.

Si la simple erreur d'un médecin peut porter de pareils préjudices, — *même à dix-huit ans d'intervalle*, quel mal ne doit pas faire la science insaniste quand elle met sa toute-puissance et ses rancunes au service de la politique et de la tyrannie! Car le médecin aliéniste, si la défectueuse loi de 1838 est maintenue, outre qu'il est juge et partie dans sa propre cause, est omnipotent : il est, à lui seul, l'accusateur, le juge et le bourreau ; et la détention indéterminée qu'il prononce, par l'incertitude qu'elle laisse dans l'esprit du malade, lui fait endurer, dans bien des cas, tous les supplices de la détention perpétuelle.

On ne saurait croire, qaund on ne l'a pas éprouvé personnellement, combien cette incertitude sur la durée de la détention est cruelle, et combien, en se prolongeant, elle peut contribuer rendre réellement fou l'homme le plus sain d'esprit.

Je n'hésite pas à déclarer qu'un criminel condamné à un an de prison est bien moins malheureux, connaissant au juste la cause et la durée de sa peine, qu'un pauvre fou inoffensif, qui ne sait pas même ce dont on l'accuse, ni pour combien de temps il sera prisonnier.

Les médecins ont pour principe, en effet, de ne jamais dire aux aliénés en quoi consiste leur folie ; et moi-même, bien que je me sois adressé au *procureur* IMPÉRIAL *de la République*, je n'ai pu obtenir ce renseignement. Comment peut-on dès lors se guérir ou se préserver d'un mal qu'on ne connaît pas ?

Huitième lettre.

Asile   , le jeudi 6 octobre 1870.

A monsieur le docteur en médecine FÉLIX ROUBAUD, *demeurant à Paris, rue Feydeau, n° 5, près la place de la Bourse.*

Monsieur le docteur,

Le mercredi 14 septembre dernier, je me suis fait inscrire sur vos registres comme membre de la Société d'ambulance dont vous avez provoqué la formation, Société qui a pour but de recueillir les défen-eurs de notre sol blessés sur les remparts de Paris, et de leur donner les premiers soins.

J'avais promis de prêter à la Société un drapeau que j'ai fait faire à mes frais et dont un des côtés porte l'inscription suivante : *Paix, Liberté, Humanité.* — Grande croix rouge d'ambulance au milieu. — *Fraternité démocratique entre tous les peuples.*

L'autre côté du drapeau est un appel fait à la protection de Jeanne DARC, et il est rédigé en ces termes : *Jésus, Maria —*

Vive la nation — Jeanne DARC, *vierge et martyre, protége la France* (1) !

J'ai apporté ce drapeau de Versailles à Paris ; et, le vendredi 16 septembre 1870, vers dix heures du matin, j'en expliquais le sens, sur le boulevard Montparnasse, à quelques personnes (dix tout au plus) que j'avais rassemblées autour de moi. Je fus arrêté par des gardes nationaux, sur la dénonciation d'un jeune gandin efféminé, qui se moquait de mes sentiments religieux, et auquel j'avais fait des observations très dures et très sévères. Je lui avais dit, en effet, entre autres choses, que les Prussiens ne seraient vaincus qu'après qu'ils auraient démoli beaucoup de gandins de son espèce.

Conduit devant le commissaire de police du quartier, et de là à un poste de garde nationale, j'ai été transféré, en voiture cellulaire et *malgré mes réclamations*, à la Préfecture de police de la Seine.

Un médecin insaniste, *parfaitement engraissé et payé par le régime impérial*, en d'autres termes, gros, gras, dodu, de haute taille, d'une énorme corpulence et dont j'ignore le nom, un gros médecin aux formes lourdes et porcines, a décidé, dans sa profonde sagesse, que la tentative que j'ai faite constituait un *délire d'acte accompli sous l'empire d'une monomanie religieuse*. Il m'a, en conséquence, fait envoyer à l'asile   , où je suis détenu depuis le 17 septembre dernier, sans que j'aie pu avoir, pour les discuter, la copie des certificats de médecin délivrés ici et à Paris.

M. le docteur Dagonnet, à l'examen duquel je suis soumis depuis quinze jours, reconnaît que je suis sain d'esprit.

Il importe, dès lors, que je sois mis en liberté le plus tôt possible, afin que je puisse remplir mes engagements envers vous.

Permettez-moi donc, monsieur le docteur, de recourir à vos bons offices, et de vous prier de réclamer, à la Préfecture de police de la Seine, le drapeau d'ambulance qu'elle a saisi bien à tort.

Si vos occupations ne vous empêchaient pas de venir me voir, j'aurais beaucoup de plaisir à faire votre connaissance et à cau-

---

(1) Darc et non d'Arc, le père n'était pas noble.

ser un ins'ant avec vous, en présence de M. votre confrère Dagonnet.

Veuillez agréer, Monsieur le docteur, mes très-humbles respects.

FORTUNÉ ROUSTAN,

Marié à Louise Mareau, qui est morte de chagrin ou dans le plus profond désespoir, ne sachant pas ce que je suis devenu, car les communications entre Paris et Versailles ont été coupées depuis mon arrestation, — père de cinq enfants en bas âge et qui auraient besoin de ma présence et de mes soins les plus dévoués, — et libraire établi à Versailles, rue d'Anjou, 12, et rue de la Paroisse, 100.

OBSERVATIONS. — Grâce à la protection de mon ami M. Amédée GAGNE'R, chef du contentieux à l'administration centrale de l'Enregistrement, des Domaines et du Timbre, lequel connaissait M. Jauffre', chef du bureau des aliénés à la Préfecture de police de la Se'ne, mon drapeau de Jeanne DARC, que j'ai fait bénir par un prêtre et que l'on a placé, pendan! une nuit, sur l'autel de Notre-Dame-des-Victoires, dans l'église des Petits-Pères, à Paris, mon drapeau de Jeanne Darc m'a été rendu !

Avec ce drapeau pour seule arme, j'espère, assez prochainement, si le gouvernement de la défense nationale adopte mes idées, conduire l'armée et les citoyens français à une victoire éclatante, dans une attaque vigoureuse et de nuit, faite à ces cris formidables, poussés simultanément et par nous tous :

Au nom de Dieu et de Jeanne Darc, mort aux Prussiens !

Neuvième lettre.

A Monsieur le docteur   , médecin en chef
de l'asile de

Asile de....., le lundi 10 octobre 1870.

Monsieur le Docteur,

Depuis le 19 septembre dernier, je suis soumis à votre examen médical. Vous reconnaissez que j'ai toujours été sain d'esprit ;

mais comme votre confrère de la Préfecture de police de la Seine se trouve gravement compromis pour m'avoir examiné, moi et tant d'autres, *avec la dernière des légèretés et sans avoir voulu même entendre mes explications,* vous n'agissez pas avec une entière franchise ; et, pour chercher à sauver votre confrère, vous continuez à me détenir illégalement, donnant à entendre qu'au moment de mon arrestation arbitraire, j'étais en proie à une surexcitation nerveuse qui exigeait un traitement médical de quelques jours.

En 1852, quand je fus également arrêté arbitrairement et illégalement par la préfecture de Police de la Seine, *et toujours à l'insu de ma famille,* on invoqua le même motif de détention. Or, M. le docteur Moreau, qui demeure maintenant à Paris, rue *Bon-à-Pendre,* nº 17, M. le docteur Moreau, reconnut comme vous, et dès le premier moment, que j'étais sain d'esprit. Mais il ajouta que, pour mettre à couvert sa responsabilité médicale, il était obligé de m'étudier pendant quinze jours, et que, à l'expiration de ce laps de temps, il me ferait mettre en liberté. Il tint, en effet, sa promesse, et je fus élargi en vertu d'un certificat de M. le docteur Moreau, rédigé en ces termes :

« Je n'ai pas remarqué la moindre trace de l'excitation à la-
» quelle M. Roustan paraît avoir été en proie, et à raison de la-
» quelle il a été séquestré par ordre de la police. J'estime dès lors
» qu'il y a lieu de mettre M. Roustan en liberté. »

Et c'es ainsi que la police de Paris dispose arbitrairement des moments e de la liberté des citoyens !

S'il est donc temps d'en finir avec le despotisme impérial, il est plus que jamais temps d'en finir aussi avec le despotisme médical, le plus arbitraire et le plus criminel, et devant Dieu et devant les hommes, de tous les despotismes et de toutes les infamies.

En 1852, et pendant que j'étais détenu à Bicêtre, *au milieu des plus sales ordures et sous le costume obligé du pauvre et du mendiant,* je fus nommé par M. Tournus, alors directeur général de l'administration de l'enregistrement et des domaines, *auteur réel de ma séquestration* (il m'avait dénoncé à la police de Paris comme un républicain dangereux), je fus nommé, *sur ma demande,* receveur de l'enregistrement, des domaines et du timbre à Lorques, département du Var, à deux lieues de Draguignan, où habitait ma famille. Je me rendis de Paris à cette destination et à mes frais. Il fallait fournir un cautionnement de 3,200 fr. En d'autres circonstances, je l'aurais trouvé sans la moindre difficulté ;

mais mon envoi à Bicêtre était connu dans mon pays, par suite des renseignements pris par la police; je n'inspirai donc aucune confiance, et, à défaut du cautionnement exigé, je ne pus prendre possession de mon bureau.

C'est par cet unique motif, et par suite du préjudice moral que m'avait porté mon injuste détention à Bicêtre, que je restai sans emploi.

Tous ces faits sont constatés dans un acte de notoriété *en minute*, dressé par maître Roque, notaire à Draguignan (Var), le 20 janvier 1853, et dont je possède à Versailles une expédition authentique.

A cette époque, j'étais jeune homme. Le préjudice que la police de Paris me portait si injustement ne retombait que sur moi.

Aujourd'hui, je suis marié à une jeune et belle femme et père de cinq enfants presque tous en bas âge, mon fils aîné n'ayant pas encore quinze ans révolus. En flétrissant un père de famille par une détention arbitraire dans une maison de fous, on porte préjudice non-seulement à lui, mais à sa femme et à ses enfants, et surtout à ses deux filles ; car, lorsqu'elles seront nubiles, qui voudrait prendre pour femmes les filles d'un fou, et d'un fou à peu près sans fortune et ruiné par tous les procès injustes et toutes les saisies et prohibitions de ses ouvrages, que le gouvernement impérial lui a faits ?

Et ce qu'il y a d'horrible dans toute cette affaire résulte des circonstances suivantes. En 1852, et pour avoir seulement tenté de remettre une supplique à l'ex-empereur, je fus envoyé par la police, pour quelques jours, à Charenton, et de là, *sur ma demande*, et afin que les frais de séjour et de nourriture fussent à la charge de l'Etat, dans l'établissement de Bicêtre.

Ma détention à Charenton et à Bicêtre, et pour un seul et unique fait, ne dura, en tout, que trente-trois jours, dont vingt jours à Charenton et treize jours à Bicêtre.

En règle générale, tout individu envoyé dans un asile d'aliénés est soumis, à titre d'épreuve, à un examen médical qui dure au moins un mois. Lors même qu'il serait reconnu sain d'esprit, il n'est pas relâché immédiatement. De gré ou de force, et dût-il en devenir réellement fou de colère ou d'indignation, il doit, de par *l'autorité médicale*, subir son épreuve d'un mois. La science insano-médicale suit ainsi sa marche et brise toutes les volontés contraires : *facit experimentum in animâ sanâ.*

Exceptionnellement et *quand les parents les réclament d'une manière expresse*, les personnes reconnues saines d'esprit sont mises en liberté, à la condition que, pendant dix jours au moins, elles se seront montrées parfaitement calmes et n'auront témoigné devant le médecin insaniste ou les gardiens ni colère ni indignation ; car l'indignation et la colère, même les plus légitimes, surtout si elles sont accompagnées d'injures, sont considérés par les médecins insanistes comme un commencement d'aliénation mentale, ou tout au moins comme une tendance à l'aliénation mentale, suffisan'e, d'après l'interprétation donnée par la science insano-médicale à la loi de 1838, pour faire détenir un individu dans une maison de fous.

Pour moi, dont le père, la mère, les frères et la sœur, c'est-à-dire toute la famille, étaient à l'extrémité de la France, à Draguignan, près des frontières de l'Italie, je n'avais personne pour me réclamer : il fallut donc subir l'épreuve intégrale. Je fus ainsi soumis, en 1852, pendant treize jours, à l'examen médical de M. le docteur Moreau, médecin attaché à l'établissement de Bicêtre ; et, pendant vingt jours, à l'examen de M. le docteur médecin en chef de la maison nationale de   , de M. le docteur   , complice secret de toutes les turpitudes de la police, gorgé d'or et de décorations par le régime impérial, et persécuteur, à ce prix, de tous les républicains énergiques, notamment de Sandon, Larivière et autres.

Le tartuffe   , ce lâche et vil complaisant de la police impériale et encore en fonctions aujourd'hui, le tartuffe   prétendit que ma colère et mon indignation légitimes constituaient un certain dérangement d'esprit. Et, en me remettant, au bout de vingt jours, entre les mains de son confrère M. Moreau, au lieu de me faire mettre en liberté, il prétendait que ce dérangement d'esprit existait encore. Or, et dès que je fus examiné par lui, M. le docteur Moreau reconnut que j'avais toute la sanité de mon intelligence, ainsi que le constate le certificat de sortie que j'ai déjà cité et qu'il me délivra après un examen de treize jours.

De deux médecins insanistes qui m'ont apprécié en 1852, l'un, M. le docteur Moreau, celui qui n'est pas vendu à la police, reconnaît que je suis sain d'esprit ; l'autre, l'orgueilleux docteur C .., l'âme damnée du régime impérial, prétend, comme aujourd'hui le gros médecin aux formes porcines de la Préfecture de la Seine, que j'étais atteint de délire. Or, le docteur   et son gros confrère aux formes porcines sont encore aujourd'hui en fonctions et sont très-connus pour être l'un et l'autre de vils et lâches complaisants de la police impériale. Des certificats délivrés par de tels médecins ne peuvent avoir aucune force probante.

Il est donc certain, il est même prouvé par les documents administratifs, qu'en 1852 j'étais parfaitement sain d'esprit; et que, sur la seu'e dénonciation de M. Tournus, alors directeur général de l'enregistrement et des domaines, lequel m'avait présenté comme un *Républicain dangereux*, j'ai été détenu arbitrairement et comme tel, *sur le seul ordre de la police de Paris*.

La même police s'est toujours servie de ce précédent pour faire repousser toutes mes demandes les plus légitimes.

En effet, en 1865, j'ai adressé au Sénat diverses pétitions dans lesquelles je dénonçais, d'une part, des détentions illégales et d'autres abus de pouvoir commis par M.   , préfet à Quimper (Finistère), et autrefois sous-préfet à Valenciennes (Nord); et, d'autre part, la saisie arbitraire de divers ouvrages que j'avais fait imprimer à Bruxelles, notamment : 1° *le Libre Echange, la Douane et les Contrebandiers*; 2° *De l'insuffisance du traitement des Préposés de l'administration française de l'enregistrement et des domaines.*   .

Le Sénat, sur le rapport de M. le baron Haussmann, préfet de la Seine, a repoussé toutes mes pétitions (les motifs à l'appui étant sans réplique) par la question préalable et par cette seule considération que l'auteur des pétitions était fou et *avait été, comme tel, enfermé plusieurs fois à Charenton et à Bicêtre.*

J'ai réfuté les observations de l'ex-baron Haussmann et établi de nouveau la légitimité de mes griefs dans une brochure de trois feuilles, imprimée en 1866 par M. Charles Noblet, rue Soufflot, et ayant pour titre : *Du droit de pétition devant le Corps législatif.*

D'un autre côté, l'on a vu que, *quoique sain d'esprit,* j'avais été enfermé une seule fois à Charenton et à Bicêtre, *il y a dix-huit ans*, pour le même fait et pendant un mois seulement.

Mon précédent envoi dans ces asiles a certainement contribué à ma séquestration actuelle : c'est-à-dire qu'il suffit que la police de Paris commette une première injustice pour qu'elle en commette indéfiniment ; en sorte que, si l'on ne modifie pas la loi de 1838, en donnant à l'insensé des juges sérieux et le droit de se défendre, désormais aucune liberté n'existera pour lui.

Après cet exposé, vous devez comprendre, monsieur le docteur, pourquoi je tiens essentiellement à être mis en liberté et sans le moindre retard.

On ne peut me retenir en prison qu'à deux titres : en vertu des lois de sûreté générale et comme un républicain dangereux ; ou en vertu de la loi de 1838 et comme un malheureux atteint d'aliénation mentale.

Or, les lois de sûreté générale ayant été complétement abrogées, on ne peut continuer à me détenir sans me mettre en jugement, et je vous défie de trouver des juges qui condamnent mes démarches patriotiques.

Quant à la loi du 30 juin 1838, elle ne m'est pas non plus applicable, puisque je vous ai suffisamment prouvé que j'ai toujours été sain d'esprit.

Maintenant et grâce à la République, vous êtes responsable de vos actes, comme tous les autres citoyens.

Je vous préviens dès lors une dernière fois, monsieur le docteur, que *si vous ne me faites pas mettre immédiatement en liberté, je vous livrerai impitoyablement aux tribunaux correctionnels.*

Avec un exploit du coût de 6 francs tout au plus, je vous contraindrai à venir, devant des juges, donner des explications de votre conduite ; et les rieurs ne seront certainement pas de votre côté.

Veuillez agréer, monsieur le docteur, mes très-humbles respects.

FORTUNÉ ROUSTAN.

OBSERVATIONS. — Cette lettre ayant été lue par moi le 10 octobre 1870, dans la salle commune et en présence des gardiens, M. le docteur   a fini par s'exécuter avec plus ou moins de bonne grâce, et j'ai été mis en liberté dès le 11 octobre.

Ma conviction bien profonde est que j'aurais été détenu beaucoup plus longtemps si, pour poursuivre devant les tribunaux les médecins qui délivrent de faux certificats d'insanité d'esprit, l'autorisation du Conseil d'Etat avait continué d'être nécessaire. On sait que, dans la pratique, cette autorisation n'était jamais accordée, du moins en ce qui concerne les aliénés.

Ce n'est donc qu'à force de menacer le docteur de poursuites devant les tribunaux correctionnels ou criminels, que j'ai pu obtenir ma sortie.

Si la République n'avait pas abrogé tout récemment et depuis mon arrestation l'article 75 de la loi de l'an VII, on aurait continué à me détenir pendant longtemps encore, en me présentant comme *agité* ou *excité*.

Au moyen de cette manœuvre, on aurait affirmé que l'homicide et les mauvais traitements dont j'ai été le témoin étaient des visions de mon cerveau malade. Ma longue et arbitraire séquestration serait venue à l'appui de ce dire, et mon témoignage eût ainsi été sapé par sa base.

C'est de cette manière que l'on étouffe tous les crimes et toutes les violences envers les malades qui se commettent journellement dans l'intérieur des maisons de santé.

Le directeur et le médecin en chef s'entendent comme deux larrons en foire : personne ne communique avec les aliénés sans leur consentement.

Moi-même, depuis ma sortie, et bien que je me sois présenté quatre fois : le dimanche 16, le mardi 18, le samedi 22 et le dimanche 23 octobre 1870, devant M. le médecin en chef ou devant M. le directeur, je n'ai pu voir mes anciens compagnons d'infortune, notamment mes amis l'ingénieur de marine Georges CAVE et le lieutenant Joseph-Marie-Paul BODIN, deux jeunes gens d'un grand cœur et d'une haute intelligence, principaux témoins, avec moi, de l'homicide et des violences commises sur des malades, et qu'on fait passer injustement pour fous, afin qu'ils ne puissent pas déposer en justice sur toutes les horreurs qu'ils connaissent.

J'ai vainement réclamé, contre ce refus de visite et de communication, au parquet et à la Préfecture de police de la Seine. Il m'a été répondu que cela ne les regardait pas et qu'il fallait s'adresser soit au médecin en chef, soit au directeur de l'établissement, c'est-à-dire aux deux compères qui s'entendent, je l'ai déjà dit, comme deux larrons en foire.

Il est vrai qu'aux termes de l'article 4 de la loi du 30 juin 1838 sur les aliénés, le préfet et les personnes déléguées par lui ou le ministre de l'intérieur, le président du tribunal, le procureur de la République, le juge de paix, le maire de la commune, sont chargés de visiter les établissements publics ou privés consacrés aux aliénés ; mais leur examen, qui est très superficiel, ne dure que quelques minutes ; et, comme les dehors sont fort bien tenus, il est très facile de cacher à leurs yeux l'intérieur, et de leur faire voir, comme on dit vulgairement, des étoiles en plein midi. D'ailleurs le médecin en chef ou le directeur accompagne toujours les inspecteurs et, par sa présence, intimide, comme dans les prisons le geôlier, les malades qui auraient de justes réclamations à faire. Et puis on trouve encore la ressource de mettre sur le compte de la monomanie tout grief légitime.

Pour connaître l'intérieur d'une maison de sant', il faudrait s'y faire enfermer *volontairement* au moins huit jours, en suivre le régime et les habitudes et étudier soi-même les malades, en se défiant beaucoup des insinuations et des renseignements du médecin en chef ou du direct ur. Je ga antis qu'en employant cette méthode on découvrirait des abus énormes et beaucoup de détentions illégales et arbitraires, surtout à Charenton.

J'ai remarqué, dans un autre asile, au moins vingt jeunes gens sains d'esprit et lâches, dont plusieurs anciens militaires, et qui, au lieu de manger le bien du pauvre, devraient établir leur domicile sur un champ de bataille.

Les médecins insanistes qui se prêtent à de telles turpitudes, *surtout avec les Prussiens sous les murs de Paris*, manquent à tous leurs devoirs, sont traîtres envers la République et devraient être immédiatement traduits devant un conseil de guerre.

Pour en revenir à ma chétive individualité, je vais prouver jusqu'au bout que j'ai toujours été sain d'esprit.

M. le docteur   , dans le but de sauver ses confrères et lui-même, a prétendu que j'avais une *certaine excitation*, qui aurait disparu par suite de mon séjour à l'asile...

Je défie M. le docteur de prouver cette *excitation* ou de la définir convenablement.

Je lui ai parlé plus d'une fois avec fermeté, lui disant même que, s'il ne dénonçait pas au procureur de la République l'homicide et les mauvais traitements commis sur des malades, *je le ferais casser*. Je prononçais ces mots, non pas avec colère, mais d'*une manière ferme et avec autorité*, comme si je parlais au nom de Dieu, auteur de toute justice, et protecteur spécial des pauvres, des malades et des opprimés.

Mais une excitation de cette nature n'est certainement pas de l'aliénation mentale.

En fait de traitement médical, j'ai pris en tout, et sur ma demande, trois bains de santé et de propreté, et dans l'espace de 24 jours. On n'a pas besoin d'aller dans une maison de fous pour suivre ce régime.

Dans une autre circonstance, j'aurais, d'après M. le docteur, été *agité*. Voici de quelle manière :

J'étais enfermé depuis six jours dans le *quatrième quartier*, où je suis resté en tout huit jours, du 19 au 27 septembre 1870 : j'avais pris toutes mes notes et étudié tous mes malades. Je ne pouvais plus qu'y perdre mon temps.

Il me fallait un nouveau champ d'observations. Je savais d'ailleurs que mon ami Georges Cave, un des témoins de l'homicide, était détenu dans le *premier quartier*. Je pensai, non sans raison, que je pouvais rencontrer là des malades intéressants et y faire quelque bien. Il fallait trouver un prétexte pour m'y faire envoyer. Je le fis naître. Je confiai même mon projet à Charles Huot, à Jean Cezérat, à Jules-Gabriel-Achille Tabyer, tous les trois sains d'esprit.

Depuis que j'avais dénoncé l'homicide par imprudence et les mauvais traitements envers les malades,   , le gardien-chef, et un autre gardien, Prussien d'origine, et désigné sous le seul prénom de *Pierre*, me voyaient de très mauvais œil : ils avaient soin de mettre à ma place, pour les repas, le plus mauvais morceau de viande et une soupe pleine de petits débris d'os; ce qui était assez désagréable.

Par esprit de pénitence et de charité, je supportai ces petites vexations sans rien dire. Mais, à la fin, *Pierre* me servant une portion de riz déjà petite par elle-même et ne m'en donnant que la moitié, je me récriai vivement et à haute voix, devant tout le monde, lui disant avec colère que je ne me laisserais pas mener ainsi, et qu'il fallait que ces vexations eussent un terme. Il n'en fallut pas davantage pour faire croire que j'étais *fou* ou *agité*; car dans les maisons de santé et aux yeux des médecins insanistes, la colère la plus légitime passe pour de *l'agitation* ou *de la folie*.

Je complétai le scandale en montant, après ou avant le repas, sur un petit tertre couvert de gazon qui était au milieu de la cour, et en déclamant, à la manière théâtrale, le dimanche 25 septembre 1870 et par un beau soleil, les pièces de vers ci-après, que j'avais composées au mois d'octobre 1852, pendant mon séjour à Charenton et à Bicêtre.

Ces pièces de vers ont été imprimées dans une brochure (*Mes démêlés avec la police de Paris à propos de la proclamation de l'Empire*), publiée à Paris dès le mois de novembre 1852.

§ 1er. — CE QUE C'EST QUE LE RÉGIME DE CHARENTON.

C'est un régime abrutissant,
Vrai régime de somnolence :
Bon pour l'être humain non pensant,
Mais fatal à l'intelligence !

§ II. — Charenton et le Docteur

Bicêtre, Charenton ! Quels lugubres mystéres
Renfermés dans vos murs ! Que de plaintes amères !
Quels profonds désespoirs, quels sourds gémissements
Quels supplices cruels ! Quels affreux châtiments !
De   la science est pleine d'imposture
Et de lourdes erreurs, et l'humaine nature
A ce grotesque nain sert donc de piédestal !
D'un odieux orgueil aveuglement fatal,
Confondant la folie et l'humeur irascible,
Il ne doute de rien, se proclame infaillible
Et s'arroge les droits de la divinité !
Infligeons-lui dès lors un blâme mérité ;
Que mon caustique vers, comme un fouet qui châtie,
A ce pédant inspire un peu de modestie !
Charenton ! J'ai donc vu tes funèbres hauteurs,
Séjour du désespoir et des longues douleurs,
Où l'existence coule et triste et monotone,
Où l'on vit sans amour, où tout vous abandonne,
Où sans être coupable on subit la prison,
Où, loin de se guérir, on laisse la raison,
Si par son dévouement, quelque âme généreuse
Ne vous soustrait bientôt à la main ténébreuse
D'un docteur basané, dont *le douteux savoir*
S'exerce sans contrôle, avec trop de pouvoir,
Et qui, sans que son cœur de pierre s'en émeuve
Vous garde trente jours à seul titre d'épreuve !
Quand on se voit traîner dans ce réduit fatal,
Peut-on ne pas sortir de son état normal ?
Et si dans votre sein bouillonne la colére,
Si, traité comme fou, votre âme s'exaspère
Et laisse sourdement éclater sa douleur,
Il faudra d'un despote endurer la rigueur,
Devant lui s'imposer un éternel silence
Et cacher avec soin ce qu'en secret on pense !
Ce qu'un savant affirme, un autre le dément ;
Et   à lui seul, jugerait sainement !
Son gros nez aquilin, sa burlesque figure,
Peuvent servir de type à la caricature.
Gardez-vous de railler l'infaillible docteur !
Plutôt que d'avouer une grossière erreur
Et de se départir d'un hasardeux système,
Il vous réputera malade et fou quand même.
Vous parûtes ému : C'est manque de raison,
Il fallait ne sentir aucune émotion,
Encore moins pleurer ; car la mélancolie
Est l'indice certain d'une triste folie.
Fallait-il rire alors, paraître impertinent ?
C'était plus qu'insensé, c'était inconvenant.

Devant ce petit nain dépourvu de tendresse,
Pouvait-on tout au moins parler de sa maîtresse ? (1)
— Mais c'était n'avoir pas l'ombre de la raison.
Et   me retint vingt jours à Charenton !

Le lundi 26 septembre 1870, à la visite de 9 heures du matin de
M. le docteur   je me plaignis que les petites vexations dont
j'étais l'objet de la part des gardiens pouvaient m'agiter ; on cita
à l'appui ma colère pendant le dîner et ma déclamation scanda-
leuse ; et, sur ma demande, je passai où je voulais aller, c'est-
à-dire dans le premier quartier, où je suis resté depuis le 27 septembre jusqu'au 11 octobre 1870, jour de ma sortie.

Voilà de quelle nature était mon agitation ou ma folie.

Et, pour sauver mes manuscrits, j'employai les procédés sui-
vants :

Je copiai d'abord le panégyrique de Jeanne Darc de Mgr Dupanloup sur des feuillets écrits d'un seul côté. Entre ces feuillets j'insérai, çà et là, d'autres feuillets contenant mes notes et la
copie de mes lettres.

En outre, je transcrivis, en double, toutes ces notes et ces lettres sur les marges inférieures de mon Imitation de Jésus-Christ, en
latin, de manière à faire croire au besoin que ce n'était que la tra-
duction française de quelques passages.

Enfin, pour que le docteur   n'eût pas trop de soupçons,
je lui demandai, quelques jours avant ma sortie, l'autorisation
de prendre la copie de toutes les lettres et de toutes les dénoncia-
tions que je lui avais remises, donnant à entendre par là que je
n'avais pas fait de brouillon et que je n'en avais pas conservé
copie. J'ajoutai que je n'insisterais pas sur ce point si j'étais mis
en liberté de suite.

A ma sortie, j'eus dès lors la chance de n'être pas fouillé.

Je termine par une observation qui me paraît avoir une certaine importance.

L'article 18 de la loi du 30 juin 1838 sur les aliénés, porte :

« A Paris, le préfet de police, et, dans les départements, les

---

(1) Ces vers prouvent qu'avant ma miraculeuse conversion, je
ne valais pas mieux que les autres et que j'étais débauché comme
eux. Soyons donc indulgent, même pour ceux qui ne pensent pas
comme nous.

» préfets ordonneront d'office le placement dans un établissement
» d'aliénés de toute personne interdite ou non interdite, dont
» *l'état d'aliénation compromettrait l'ordre public ou la sûreté*
» *des personnes.* Les ordres des préfets seront motivés et devront
» énoncer les circonstances qui les auront rendus nécessaires. »

Il est dit dans la même loi, article 25, que « les aliénés dont
» l'état mental ne compromettrait pas l'ordre public ou la sûreté
» des personnes, seront également admis dans les établissements
» d'aliénés, dans les formes, dans les circonstances et aux condi-
» tions qui seront réglées par le Conseil général, sur la proposi-
» tion du préfet, et approuvées par le ministre. »

Du rapprochement de ces deux articles de loi résulte la
preuve que *l'aliéné qui ne compromet ni l'ordre public, ni la*
sûreté des personnes, ne peut être placé d'office par le préfet dans
une maison de santé. Or, les trois quarts des malades qu'on y
retient ne sont pas dans un état à compromettre l'ordre public
ou la sûreté des personnes. Leur détention est donc arbitraire et
illégale, notamment en ce qui concerne M. Cave, M. Bodin,
M. Durand, M. Bonin et moi.

Quand un aliéné ne compromet ni l'ordre public, ni la sûreté
des personnes, il est contraire au droit naturel et à toute justice
de le priver de sa liberté.

Le parent qui, par égoïsme ou par cupidité, fait enfermer son
parent, le rend malheureux et lui impose une prison perpétuelle.
C'est là un grand crime ; c'est presque la condamnation à mort
d'un innocent. Les aliénés non dangereux doivent être soignés
dans leur commune et par leur famille. Ceux qui ne remplissent
pas ce devoir sacré sont de grands coupables devant Dieu ; car il
est constaté par l'expérience que les aliénés ainsi soustraits à la
liberté et à la vie de famille ne tardent pas à mourir de chagrin
et d'ennui.

L'article 25 de la loi du 30 juin 1838 est en outre la source des
plus graves abus. C'est en vertu de cet article de loi que l'on
peuple des maisons de santé qui seraient désertes ou à peu près,
si l'on n'y détenait que des fous réellement dangereux.

C'est encore à l'abri de cet article de loi que les médecins insanistes, Le Grand du Saulle, Lassègue, Tardieu, Girard, de
Cailleux, Blanche, Calmiel

Au nom de la Fraternité, de la Liberté et de l'Humanité, l'article 25 de la loi du 30 juin 1838 devrait donc être abrogé immé-

diatement; et, en outre, l'on ne devrait pas refuser aux personnes soupçonnées de folie ce qu'on accorde même aux plus grands criminels : la communication de la procédure, un avocat et des juges équitables.

Si l'on procède à ces deux améliorations indispensables, les maisons de santé seront bientôt désertes.

Résumé de nos critiques.

Un fait constaté par l'expérience, c'est que la folie est contagieuse. C'est donc un singulier moyen de la guérir que de réunir et séquestrer tous les fous.

Ajoutez à cela une nourriture plus ou moins saine, l'ennui de se voir enfermé, une existence monotone, solitaire, triste et sans amour, à peu près concentrée entre les mêmes personnes ou entre des personnes atteintes d'un mal pareil.

Ce seul défaut de distraction, joint aux tortures morales résultant de la perte de la liberté, tortures que le fou le plus incurable, mais non idiot, ressent encore très-vivement, ce seul défaut de distraction doit, à la longue, forcément empirer la situation du malade, lui troubler entièrement le cerveau, ou le conduire tout au moins à une idée fixe et malheureuse.

En effet et quand la détention se prolonge, tel individu qui, au moment de son arrivée dans une maison de fous, n'avait qu'une simple manie, une toquade inoffensive, devient un fou réel et incurable.

En dehors des cas de folie furieuse et où l'ordre public et la sûreté des personnes sont réellement compromis, cas qui sont assez rares, le traitement à domicile et la pleine liberté du malade sont seuls rationnels ; car la liberté est le meilleur calmant.

Il est absurde et inhumain, pour de simples manies ou pour

des toquades non dangereuses, d'enfermer une personne à perpétuité.

Si le malade manifeste de l'humeur ou fait des menaces, on le met avec les fous furieux ; un gardien brutal achève de l'irriter et de lui faire tourner la tête. Et la mort, précédée des plus noirs chagrins et sans qu'on ait même un prêtre pour vous consoler, une mort horrible et cruelle ne tarde pas à venir.

L'expérience et la statistique constatent en effet que la plupart des malades succombent dans les premiers temps de leur arrivée. Ainsi dans les maisons de santé, qu'on ferait mieux d'appeler *maisons mortuaires et de débarras*, on meurt avant le temps. Mais, quand on est sérieusement fou, on n'y guérit pas, à moins que la folie n'ait pour cause une surexcitation accidentelle qu'on guérirait ailleurs tout aussi bien.

Les maisons de santé sont dès lors moins des lieux de guérison que des tombeaux anticipés et des lieux de torture, où l'on assomme et assassine même les malades.

Dans le quartier des cellules, j'entendais assez souvent d'horribles cris proférés par des malheureux que les gardiens maltraitaient gravement.

L'habitude de frapper les fous endurcit le cœur. Les gardiens frappent sans cesse et s'excitent en quelque sorte malgré eux : parce qu'ils ont frappé, ils frappent plus furieusement et de plus belle.

Oui, il est bien vrai que, malgré toutes les recommandations du médecin, au dépôt et dans le quartier des cellules, on frappe et assomme les malades; et on le fera toujours, parce que le médecin ni le surveillant en chef ne peuvent être là toute la journée pour voir ce qui s'y passe.

Ces graves abus existeront malgré la loi et la justice, tant que les maisons de santé seront dirigées par des personnes sans charité chrétienne, par des athées et des matérialistes, au lieu d'avoir pour directeurs et pour gardiens des religieux intègres et désintéressés, des chrétiens fervents et sincères, habitués à respecter et à aimer Dieu dans la personne des pauvres et des malades.

C'est dans le quartier des cellules que M   a succombé aux mauvais traitements dont j'ai rendu compte.

M   est le malade que j'ai vu frapper violemment, auquel on donnait de forts coups de poing dans l'estomac, dans le ventre et dans le dos, que j'ai vu vomir dans un urinoir à la

suite de ces coups, et que j'ai vu en outre traîner plusieurs fois
par les cheveux par le gardien C   dans les cours de l'admission
ou dépôt

Ce gardien a recommandé   à son confrère des cellules,
en ma présence et en celle d'autres témoins, le lundi 19 septembre 1870, vers 2 heures de l'après-midi. Il a été fait droit à
cette recommandation ; c'est-à-dire qu'on a continué de frapper
et de maltraiter   , et la mort n'a pas tardé à venir.

Dans l'intérêt de la preuve du crime, je demande l'exhumation
et l'autopsie du cadavre, comme j'ai déjà demandé à M. le Procureur de la République l'exhumation et l'autopsie du cadavre
de Jules Pied, autre malade tué sur place.

Je nie dès lors et de la manière la plus absolue les bons effets
que les maisons de santé peuvent produire.

En règle générale, elles ne guérissent pas la folie, elles l'em-
pirent.

Le personnel de ces maisons devrait être considérablement réduit ; car les médecins insanistes, dans leur seul intérêt, pour se
donner la réputation de guérisseurs et aussi pour peupler les
maisons de santé et les rendre nécessaires, y envoient tous les
jours, et sous les plus futiles prétextes, *des personnes inoffen-
sives et qui, dans les hôpitaux ordinaires, seraient beaucoup
mieux soignées et plus facilement guéries.*

Or, des médecins sans entrailles, des médecins athées et matérialistes, ne peuvent pas continuer ainsi d'être juges et parties
dans leur propre cause.

Donner aux hommes un pouvoir arbitraire et illimité, dit quelque part Montesquieu, et compter qu'ils n'en abuseront pas, c'est
une énorme faute politique et la plus grande des folies.

Sous l'empire de la législation actuelle, que faut-il, pour priver
quelqu'un de sa liberté et le faire enfermer dans une maison de
fous ? — Un simple certificat de médecin dont le contenu n'est
jamais communiqué à celui qui en est victime ; en sorte qu'on
est, dans le fait, *jugé par défaut et par un seul homme,* et le jugement est exécuté de suite et comme s'il était contradictoire !

En outre, quel a été le but de la loi du 30 juin 1838 sur les
aliénés ? — Évidemment d'améliorer leur sort.

Eh bien ! dans la pratique, leur sort a été empiré ; et le fou,
qui cependant n'est pas coupable, est puni beaucoup plus gravement qu'une personne saine d'esprit.

En effet, que celle-ci ait légèrement troublé l'ordre public et

donné même des coups de poing ; en faisant ressortir les circonstances atténuantes, elle peut n'être condamnée qu'à quelques
jours de prison ou à une simple amende et aux frais.

Le même délit, commis par un fou, sera puni d'une détention
de deux à trois mois, et même davantage, si la folie se prolonge ;
sans compter la flétrissure morale que cette détention imprime
sur lui ; car un homme qui est connu comme sortant d'une maison de fous inspire peu de confiance et trouve difficilement à se
placer.

La détention subie par le fou est aussi beaucoup plus cruelle
que celle du condamné ordinaire, qui sait au juste pour combien
de temps et pour quelle cause il est incarcéré ; ce que le fou
ignore et ce qui donne à sa détention le caractère et les angoisses
de la prison perpétuelle Il faut avoir été traité de fou et enfermé
comme tel pour bien comprendre et sentir toutes ces angoisses.

Aussi tous les fous lucides aimeraient-ils beaucoup mieux,
pour les délits qu'ils commettent sous l'empire de leur folie, être
traités comme sains d'esprit et punis en conséquence. Ils auraient
bien moins à souffrir ; et cette punition, en leur tenant lieu d'aver-
tissement sévère, leur serait beaucoup plus utile et serait moins
inhumaine que les tortures morales, les mauvais traitements et
les douches qu'on leur prodigue à Charenton, à Bicêtre ou à
Sainte-Anne.

Ainsi, horribles souffrances physiques et morales, et préjudice
également moral et matériel : tel est l'inévitable sort des personnes
que l'on envoie dans les maisons de santé.

Il est évident, dès lors, qu'à raison de ces graves inconvénients,
et surtout de la flétrissure morale que les maisons de santé impri-
ment à leurs pensionnaires, on ne devrait y envoyer que les fous
qui compromettent réellement l'ordre public ou la sûreté des personnes.

Les fous non dangereux seraient traités à domicile ou dans les
hospices ordinaires ; et je garantis qu'ils s'y trouveraient beaucoup
mieux et guériraient bien plus facilement.

Les fous inoffensifs ainsi traités dans les hospices ou à domicile, se trouvant en contact avec des personnes raisonnables et
qui seraient indulgentes pour eux, n'auraient pas le moral affecté,
pas plus qu'ils n'auraient devant les yeux le spectacle continuel
de la folie des autres ; état de choses qui tend toujours à empirer
la démence.

Si l'on avait en outre l'attention de ne pas considérer les fous inoffensifs comme réellement atteints d'insanité d'esprit, on capterait bientôt leur confiance ; et, avec un peu d'adresse et de bons procédés, on ne tarderait pas à leur faire entendre raison et à les guérir de leur mal.

Mais les maisons de santé, avec leurs cours séparées et leurs cellules, leurs portes constamment closes et leurs gardiens ou geôliers plus ou moins brutaux, entretiendront sans cesse et concentreront la folie, au lieu de la guérir, ressembleront toujours à de véritables prisons, et feront endurer aux malades détenus toutes les tortures des criminels indéfiniment privés du bien-être et de la liberté.

FIN.

La présente brochure n'a été tirée qu'à deux cents exemplaires.

APPENDICE

§ 1

ORGANISATION DE BATAILLONS DE MILICE CITOYENNE SOUS LA PROTECTION SPÉCIALE DE DIEU ET DE JEANNE DARC

DISCOURS

PRONONCÉ AU MILIEU DU PLUS EFFROYABLE TUMULTE, A LA RÉUNION DES FOLIES BERGÈRE, RUE RICHER, A PARIS, LE SAMEDI 29 OCTOBRE, ET LE MERCREDI 2 NOVEMBRE 1870, ET A LA SALLE VALENTINO LE MARDI 15 NOVEMBRE 1870.

NOTA. — Plusieurs journaux de Paris, aux dates des 3 et 4 novembre 1870, ont parlé de ce petit incident, ainsi que le *Journal des Débats*, à la date du 16 novembre 1870.

SOMMAIRE

Je me propose comme Porte-Drapeau d'un bataillon de Volontaires Parisiens.

Citoyennes et Citoyens,

Après les remarquables discours prononcés hier au soir, 28 octobre, par nos frères et amis les citoyens Chabert et Lermina, il y a presque témérité de ma part à revenir sur le même sujet.

Je ne prendrais point cette liberté si je n'étais pas bien convaincu que je vais présenter la question sous un jour nouveau, et

entrer dans des considérations qui pourront vous paraître inté-
ressantes.

Ceux qui ne connaissent pas à fond mon caractère me trouvent
excentrique, tout au moins original, et ont des préventions contre
moi. Qu'ils ne me jugent pas, je les en prie, sur de fausses apparences, car je ne tarderai pas à leur prouver que je suis un
homme sérieux.

Je suis républicain, c'est-à-dire partisan énergique de l'égalité,
de la fraternité et de la saine liberté, et, par contre-coup, irréconciliable ennemi des abus de toute espèce.

Mais je ne suis pas un adorateur exclusif de la forme; et,
pourvu qu'on ait le fond, je suis assez de l'avis du bon Lafon-
taine :

> Le sage crie, selon les temps,
> Vive le roi! vive la Ligue !

Ou, en d'autres termes :

Vive la République, ou vive une monarchie tempérée par des
institutions sagement libérales !

Ancien receveur de l'enregistrement et des domaines, suspendu
en 1849 à cause de mes opinions républicaines professées publiquement à Noirétable, département de la Loire, où j'exerçais alors
les fonctions de receveur, j'ai donné plus tard ma démission dé-
finitive, pour conserver et ma liberté et mon indépendance.

Je suis établi depuis plus de dix ans libraire à Versailles, ville
occupée en ce moment par les Prussiens, et où je paye dès lors
une énorme contribution de guerre.

Marié et père de cinq jeunes enfants, et nullement obligé par
la loi de courir au-devant du danger, je n'entends m'exposer volontairement au feu et me battre que pour fonder sérieusement,
affermir et consolider la République : une République grande et
sage, et qui se fasse respecter; une République qui soit en même
temps honnête et modérée, et pure des excès, des erreurs et des
faiblesses qui ont perdu les deux autres Républiques.

Si je crois à la République ainsi définie et à sa durée possible,
je crois aussi en Dieu d'après cet axiome de Voltaire :

> L'univers m'embarrasse, et je ne puis songer
> Que cette horloge existe et n'ait pas d'horloger !

Si Dieu existe — (comme dit le poëte latin), — nous ne mourons pas tout entiers : *non omnis moriar !* Et si nous ne mourons
pas obscurément et comme des bêtes, il faut admettre que les

citoyens et surtout les pères de famille qui, dans la guerre actuelle, guerre sainte et où le droit même de légitime défense se
joint à la cause de l'humanité, de la civilisation et de la justice,
il faut admettre, disons-nous, que les citoyens et les pères de famille qui meurent pour leur patrie sont des héros et des mar-
tyrs qui, dans un autre et meilleur monde, vont recevoir immédiatement la juste récompense et de leur dévouement et de leur cou-
rage !

Gloire donc, gloire et immortalité aux héros citoyens qui sont
tombés, et qui tombent encore tous les jours au champ d'honneur de la patrie !

A ceux d'entre vous qui seraient matérialistes et qui penseraient,
comme j'ai eu le malheur de le croire moi-même, que l'âme
meurt avec le corps; à ceux d'entre vous qui affirmeraient la mort
individuelle, mais l'immortalité de l'espèce humaine sans cesse
renouvelée par une féconde nature, à ceux-là je ferais remarquer
que l'on peut admettre, sans blesser la raison, que les esprits su-
périeurs ne meurent pas, parce qu'ils sont en dehors des lois ordinaires.

Or, quel esprit se montra plus sublime et plus inspiré que celui
de la miraculeuse vierge de Domrémy ?

Dès lors, et bien qu'on m'ait accusé du contraire, puisque tel a
été le principal motif de mon envoi et de ma détention pendant
vingt-quatre jours dans un asile d'aliénés, dès lors il n'y a ni ab-
surdité ni folie à croire que Jeanne Darc existe encore comme un
génie céleste, protecteur de la France, bien que son corps imma-
culé et sans souillure ait été brûlé, en 1430, c'est-à-dire depuis
bientôt quatre siècles et demi, sur les bûchers de Rouen !

Si Jeanne Darc existe encore, il est donc permis de l'invoquer
comme une grande et belle sainte ; car elle possédait toutes les
beautés, la perfection physique et la perfection morale.

Il est tout au moins permis de l'invoquer comme un génie
bienfaisant et qui peut, de nouveau, sauver et régénérer la
France, dans le présent comme dans l'avenir !

Sous l'empire de cette croyance, j'étais venu à Paris, apportant
avec l'étendard de Jeanne Darc une idée nouvelle et patriotique : la
création de bataillons de volontaires, sous la protection spéciale
de Dieu et de Jeanne Darc, et dont j'aurais été le porte drapeau.

La police de Versailles et celle de Paris se mettent à mes
trousses ; et, dès ma première et courte manifestation, l'on saisit
sur moi, le vendredi 16 septembre 1870, à dix heures du matin,

sur le boulevard Montparnasse, à Paris, non loin de la rue de Sèvres, le drapeau que je mettrai tantôt sous vos yeux, que la police de Paris a pris, bien à tort, pour le drapeau blanc de la légitimité, et sur lequel il est indispensable que je donne, au préalable, quelques explications.

Des incrédules et des impies, ignorant peut être un fait historique, à savoir, que l'étendard de Jeanne Darc portait en tête ces mots : *Jhésus, Maria*, et que j'ai dû, par suite, me conformer à l'histoire, ont cru que je voulais arborer le drapeau blanc du cagotisme et de la superstition. C'est une erreur profonde ; car, bien que je sois moi même croyant, j'affirme que la pire canaille que je connaisse sont les hypocrites et les faux dévots !

D'ailleurs, la religion catholique, sainement entendue et sérieusement pratiquée, n'est ni du cagotisme ni de la superstition, puisqu'elle se réduit et doit se réduire à aimer Dieu de tout son cœur, et à aimer son prochain comme soi-même et pour l'amour de Dieu ; c'est-à-dire que la religiom, sainement comprise et pratiquée, n'est autre chose que la fraternité républicaine.

L'étendard que la police de Paris a saisi sur moi le vendredi 16 septembre 1870 et à raison duquel j'ai été considéré et traité comme fou, était purement et simplement le drapeau républicain et national de Jeanne Darc, et non le drapeau blanc de la légitimité. C'est un fait que je vais prouver, en mettant ce drapeau sous vos yeux.

Le voici (le déplier).

Que signifie mon drapeau, lequel est, en effet, sur un fond blanc ?

La première face contient, comme l'étendard de Jeanne Darc : *Jhésus, Maria*.

A la place des fleurs de lis, j'ai mis : *Vive la Nation!* ce qui suppose la République ; et à la suite : *Jeanne Darc, vierge et martyre, protége la France!*

Cette première partie est le drapeau du présent, le drapeau du combat, de la guerre actuelle ; car il faut avant tout, et par un hommage public et solennel, appeler sur nos armes la protection de Dieu et de la Vierge Marie lâchement insultée et mitraillée par les Prussiens !

L'autre face du drapeau porte, au milieu, une croix rouge de paix, de parlementaire ou d'ambulance ; et, sur le haut : *Paix, Liberté, Humanité*: sur le bas: *Fraternité démocratique entre tous les peuples !*

Cette deuxième partie du drapeau est l'étendard de l'avenir. Elle indique que nous, républicains énergiques, mais honnêtes et modérés, et qui avons repoussé la guerre, voulons une paix qui assure, pour le présent, les droits de la liberté et de l'humanité ; et, pour l'avenir, la fraternité démocratique entre tous les peuples !

Ce nouvel étendard est donc à la fois le drapeau de la paix et de la guerre. Dans ses deux parties, il forme le véritab'e drapeau de la France, à laquelle Dieu et Jeanne Darc m'ordonnent de dire : *In hoc signo vinces.*

Oui, l'on ne vaincra et exterminera définitivement les Prussiens qu'après que l'étendard de Jeanne Darc flottera sur tous les forts de Paris et sera adopté, sinon par l'armée, du moins par un bataillon de la milice citoyenne.

La couleur blanche, qui était d'ailleurs celle de l'étendard de Jeanne Darc, est un emblème d'innocence et de pureté. Elle signifie que la *République constituée sous la protection de Dieu et de Jeanne Darc* sera pure des excès de 92 et 93, et respectera les prêtres et la Religion, comme elle doit respecter toutes les opinions et toutes les libertés.

Ce n'est qu'à ce prix qu'elle sera durable.

Le gouvernement de la France doit être dès lors une *République réellement populaire et sans excès, sous la protection spéciale de Dieu et de Jeanne Darc.*

Dieu m'a révélé, depuis bientôt six ans, que les enfants de Louis-Philippe Ier et dernier sont les descendants du geôlier Chiappini, qui n'ont aucun droit comme princes du sang royal.

Dieu ne veut plus : du *Drapeau rouge* (couleur de sang), comme rappelant les massacres, les crimes et les impiétés de 92 et 93 ; et du *Drapeau tricolore* (couleur mixte et bâtarde), comme rappelant toutes les corruptions, les lâchetés et les turpitudes tant d'une partie de la bourgeoisie que du premier et du second Empire !

En outre, le drapeau tricolore est tombé, avec Napoléon III, dans la boue, le sang et la trahison ; et nous n'en voulons plus, parce que, à une ère nouvelle et à la République il faut de nouveaux cœurs et un emblème nouveau !

PÉRORAISON.

———

Il y a aujourd'hui 440 ans, Jeanne Darc délivra du joug des Anglais non-seulement la ville d'Orléans, mais la France tout entière.

Pour prix de son noble dévouement, elle fut abandonnée par
ceux mêmes qu'elle avait sauvés, et elle périt par le plus triste
et le plus douloureux des supplices : elle fut brûlée toute vi-
vante ! Jamais l'ingratitude et la cruauté ne furent portées plus
loin !

Ce n'était pas assez. Il fallait encore qu'un misérable, qu'un
poëte impie et matérialiste eût la lâcheté de l'insulter, et avec
elle la nation entière, de la tourner en ridicule, et de prêter les
plus sales penchants à celle qui, au vu et au su des témoins les
plus irréprochables, était la candeur, l'innocence et la pureté
mêmes !

Cette grande iniquité n'est pas encore réparée. Il faut qu'elle
le soit !

Si Orléans a élevé une statue à Jeanne Darc, Paris et la France
n'ont pas encore acquitté leur tardive dette.

Aujourd'hui, en 1870, Paris est incontestablement dans la situation désespérée où se trouvait Orléans en 1429, quand Jeanne
Darc parut. Le salut de Paris est donc le salut de la France entière, et même de tout le monde civilisé.

Si Jeanne Darc, dans une situation pareille, nous délivra jadis
des Anglais, elle va maintenant aussi, *pourvu que nous ayons une
grande confiance en Dieu et en elle,* elle va nous délivrer aussi des
Prussiens et de leurs brigandages, car la mesure de leurs iniqui-
tés est comble !

Adoptez dès lors, citoyens, tout au moins pour un simple bataillon de volontaires, le drapeau national et républicain que je
propose.

Jeanne Darc, qui, bientôt, je l'espère, sera canonisée comme une
grande et belle sainte, Jeanne Darc, du haut des cieux, se décla-

rera satisfaite ; et, vierge issue du peuple et guerrière citoyenne, elle protégera d'une manière spéciale et conduira à la victoire nos uerriers citoyens.

Mais, au préalable, *il est de rigueur, et de rigueur absolue, que nous ayons une grande foi en Dieu et en Jeanne Darc, et que nous les invoquions l'un et l'autre avec un grand amour et un grand respect.*

A ces conditions, et à ces conditions seulement, Dieu et Jeanne Darc me disent que si les Prussiens ne s'empressent pas, comme les Anglais du temps de Charles VII, de rentrer chez eux et sans autre indemnité que les énormes dégâs qu'ils nous ont faits, nous les vaincrons et les exterminerons en masse sous les murs de Paris et dans les environs ; et qu'on fera d'eux une marmelade ou compote de chair humaine comme jamais on n'en a vu !

Observations. — D'après diverses tentatives que j'ai faites, soit auprès de plusieurs personnes, soit dans les réunions publiques, notamment aux salles de l'*Alcazar*, rue du Faubourg-Poissonnière, des *Folies-Bergère*, rue Richer, aux *clubs de l'Ecole-de Médecine et des Montagnards*, et à celui de la *Salle Valentino*, j'ai pu me convaincre que la population *mâle* (mais non *guerrière*) de Paris était en général athée et matérialiste, et aussi molle que braillarde et corrompue, sauf les hommes énergiques et extrêmes du parti républicain.

Je n'ai donc pu réunir un nombre sérieux de croyants, et n'ai trouvé partout, au contraire, que huées, railleries, applaudissements ironiques, impiété, orgueil, immoralité et désordre physique et intellectuel. Or, rien n'est dissolvant comme le matérialisme. Une grande nation ne peut donc vivre sans union, sans discipline et sans idées religieuses.

Si telle est notre situation actuelle, nous sommes réellement dégénérés, et il ne nous reste plus qu'à plaider les circonstances atténuantes et à courber humblement la tête sous le joug des Prussiens.

O France, pauvre France, toi sur le sort de qui je ne cesse de pleurer ! ô ma chère et infortunée patrie, dans quel abîme de misères et d'abaissement t'ont plongée les doctrines de matérialisme, et par suite d'immoralité, professées par de faux et dangereux docteurs, notamment par ceux de l'Ecole de médecine et des journaux hostiles à la religion !

Si tu veux qu'après nos désastres sans pareils l'avenir t'appar-

tienne encore, il faut proscrire l'athéisme et ses docteurs, s'oc-
cuper beaucoup moins de théâtre et de frivolités, exercer la jeu-
nesse à la marche et aux fatigues, et lui donner une éducation
forte, une éducation religieuse, mâle et guerrière; car, lorsque
le corps est énervé, l'âme ne tarde pas à l'être!

Je persiste donc à soutenir que le moyen que je propose n'est
pas déraisonnable, et qu'il n'y a, *dans notre fâcheuse situation,*
de salut et de victoires possibles pour la France qu'en *exaltant à*
la fois le sentiment patriotique et le sentiment religieux!

Sans ma détention illégale et arbitraire pendant 24 jours, et
en m'y prenant plus tôt, j'aurais eu le temps de contribuer au
salut de ma patrie; ou, tout au moins de concourir à une défense
énergique, désespérée, et qui eût sauvé l'honneur de la France!

Etouffer et empêcher tout enthousiasme politique et religieux
et vous réduire même à l'état de crétins, voilà les excellents effets,
sans compter les autres, que produit tous les jours la science insano-médicale!

Il serait temps dès lors de lui enlever un pouvoir occulte, absolu et arbitraire, un pouvoir odieux dont elle abuse, et dont elle
ne cessera d'abuser!

> *Paris, hôtel de Flandre et d'Espagne, rue Notre-Dame des-*
> *Victoires, n° 4, cellule n° 29.*

Lundi 21 novembre 1870.

Nota. Comme preuve de l'intolérance et de l'esprit de matérialisme et d'impiété des clubs de Paris, je citerai ce simple fait,
qu'un citoyen de quelque mérite, l'honorable professeur Geniller,
peut prêcher impunément et jusqu'au bout, au milieu du plus
religieux silence et à un auditoire qui l'approuve vivement, les
dissolvantes doctrines de l'athéisme, tandis qu'on retire la parole,
au milieu des vociférations les plus hostiles, aux orateurs qui
veulent parler en sens contraire.

Ce refus de parole m'a été fait plusieurs fois, notamment aux
clubs de l'*Ecole de médecine,* de l'*Alcazar,* des *Folies-Bergères;*
des *Montagnards,* de la *Salle Valentino,* etc.....

§ 2.

Comme preuve que nos idées sur Jeanne Darc étaient sérieuses et profondément méditées, nous publions les Statuts dont nous avions remis le manuscrit à M. Louis Ulbach, pour être insérés dans le journal la Cloche, à la date du 15 ou du 16 septembre 1870.

ORGANISATION

DU

BATAILLON SACRÉ DE JEANNE DARC

OU DE LA PHALANGE INVINCIBLE

COMPOSÉ, EN TRÈS-GRANDE PARTIE, DE JEUNES VOLONTAIRES,
DE JEUNES GARDES MOBILES BRETONS
OU DE JEUNES GENS DE L'INFANTERIE DE MARINE

1. — SERMENT. — Nous jurons solennellement, devant Dieu et devant Jeanne Darc, notre belle et sainte Patronne, de nous faire tuer tous et jusqu'au dernier, plutôt que de rendre le fort dont la défense nous est confiée.

2. — Les jeunes gens composant le bataillon sacré de Jeanne Darc feront en chœur, à haute voix et tous les jours, cette simple prière : « Dieu des combats, Dieu bienfaisant, terrible et juste, c'est » pour toi et pour Jeanne Darc que nous consentons à mourir. » Daigne accepter le sacrifice de notre vie en expiation de tous nos » péchés, et nous appliquer les mérites infinis de Jésus, ton seul » et divin fils »

Ceux même des jeunes gens qui n'auraient pas la foi et qui trouveraient cette prière ridicule ne devront pas moins la faire. Dieu et Jeanne Darc leur sauront gré de ce simple acte de soumission.

Les jeunes gens qui ne feront point cette prière, étant ainsi privés de protecteurs, courront, dans les rencontres difficiles, le plus grand danger d'être tués.

3. — Ainsi que l'enseigne l'Évangile, les âmes n'ont point de sexe. Jeanne Darc peut donc être, dans les cœurs divins de Jésus et de Marie, la fiancée céleste de tous les jeunes gens qui consentiront à mourir pour Dieu et pour elle.

4. — Toutes les fois que l'on ira au feu, un jeune volontaire ou garde mobile portera la bannière de Jeanne Darc, sur fond blanc, et dont on a, dans la présente brochure, donné le modèle.

5. — La bannière de Jeanne Darc ne pourra être portée que par un jeune homme ayant la foi et croyant dès lors à la divinité de notre seigneur Jésus-Christ et à toutes les doctrines de l'Église catholique.

Le porte-drapeau aura pour seule arme la bannière de Jeanne Darc, qu'il *n'abandonnera jamais*.

Il devra marcher en tête, exciter ses camarades, s'exposer hardiment au danger comme son auguste patronne, et se faire tuer au besoin. Mais il ne devra jamais tuer lui-même, car jamais

Jeanne Darc n'a personnellement répandu le sang de qui que ce soit.

6. — Pendant tout le temps qu'ils défendront le sol sacré de la Patrie, les jeunes gens qui composeront les bataillons de Jeanne Darc devront observer la chasteté la plus absolue.

Ceux qui violeront ce précepte seront punis de mort sur le champ de bataille ou à la première sortie des forts.

7. Tous les forts de Paris, sans exception aucune, seront gardés et défendus par les bataillons sacrés de Jeanne Darc.

Aucun de ces forts ne pourra être pris par les Prussiens, qui seront *exterminés* sous les murs de Paris, et obligés dès lors de lever honteusement le siége.

8. — La bannière de Jeanne Darc flottera sur chacun des forts de Paris.

9. La bannière de Jeanne Darc devra, de préférence, servir de drapeau de parlementaire.

P. S. — M. Lortic, le célèbre et habile relieur si connu des bibliophiles, M. Lortic, revêtu de son costume de garde national, s'est rendu aujourd'hui, 13 septembre 1870, vers trois heures, et accompagné d'un ami, à la sacristie de l'Eglise des Petits-Péres, pour voir le drapeau dont il s'agit.

Le fond de l'idée patriotique représentée par ce drapeau n'a paru mauvais ni à M. Lortic ni à son ami.

§ 3.

Pressant appel fait à mes Frères les Républicains.

Le 14 août 1870, j'ai versé entre les mains de M.   , en présence de M. Boyer, une somme de dix francs, sous la condition expresse que je serais inscrit immédiatement et pour cette somme, en tête d'une liste de souscription au profit des blessés des armées de terre et de mer, liste à insérer dans le   , dont M.   e-t le réd cteur en ch f. *Ma souscription n'a pas été publiée, et M. Vitu refuse de me rendre la somme de dix francs que je lui ai remise,* bien que, et vu ma profonde détresse résultant de mon illégale et arbitraire séquestration, je lui aie réclamé ces dix francs, *même à titre d'aumône.*

Pour toute réponse à mes justes et pressantes demandes, M. m'a fait expulser brutalement et violemment de ses bureaux par un de ses amis et par M. B

Je prie dès lors mes frères les républicains de vouloir bien me faire rendre justice, et je leur réclame au besoin aide et assistance contre un souteneur bien connu du regime impérial et de toutes ses turpitudes.

Paris, vendredi 25 novembre 1870.

Paris. — Imp. de Dubuisson et C⁰, rue Coq-Héron, 5.

APPENDICE.

FIN DE LA TABLE DES MATIÈRES.

Paris. — Imp. de Dubuisson et Cie, rue Coq-Héron, 5.